AF253682

DISCOVRS CVRIEVX
du Bien de la Paix.

OV L'ON VOID COMBIEN LA PAIX
eſt vtile à la France & à l'Eſpagne;

Et que les humeurs diuerſes des François & des Eſpagnols ne luy ſçauroient nuire.

VNE ſi belle occaſion d'eſcrire, comme celle qui ſe preſente, nous doit-eſtre extrememement chere. De tracer quelques Ouurages ſur ce Sujet, c'eſt obliger toute la Societé Humaine, & s'accorder aux plus ſaints Deuoirs. On a publié la Paix en deux Royaumes les plus puiſſans de l'Europe: Les Peuples en ont vne ſatisfaction qu'on ne peut exprimer; Les feux de joye qu'ils allument ont moins d'ardeur que le feu de leur zele; Il n'eſt rien de ſi eſclatant que la reconnoiſſance du Preſent qu'ils reçoiuent, & l'affection qu'ils teſmoignent pour ceux qui le font, eſt incomparable. Les beaux Eſprits que les Muſes ont honoré de leurs faueurs, les prodiguent dans leur Proſe & dans leurs Vers, où ils penſent encore moins dire que ce qu'ils deuroient, & que ce qui eſt conceu dans leurs cœurs. Les meſures de la Poëſie ſont accompagnées des diuers tons de la Muſique; on n'entend par tout que des chants d'allegreſſe ou des remercimens à Dieu; Iuſques aux moindres du vulgaire, chacun en parle en ſon langage & ſuiuant la force de ſon raiſonnement: Mais ne ſouffrons point qu'on s'en entretienne auec des paroles confuſes; La pluſpart des hommes ſe contentent de ſçauoir qu'vne choſe eſt loüable, ſans diſtinguer ſes excellentes qualitez. Les vns

A

n'eſtiment la Paix que pour leur intereſt propre, ſans beaucoup penſer à ce qui touche le general, ny à la gloire & au repos de l'Eſtat; les autres eſtans attachez aux affaires generales, ont peu d'eſgard au bien de chaque particulier. Il faut voir comment les vns & les autres ont ſujet de ſe réjoüir eſgalement; Montrons que la Paix eſt vn Bien non ſeulement propre à toutes ſortes de Nations, mais particulierement tres-vtile à la France, & qu'en ce qui concerne la Nation auec laquelle la France a traité d'accord, on ne doit point ſe figurer qu'il manque quelque choſe de ſa part pour contribüer à vne parfaite vnion : C'eſt ce que j'entrepren de faire voir dans le Diſcours ſuiuant.

SI nous auions à parler à ces Peuples qui n'aiment que la fureur & les maſſacres, qui ne viuent que de leurs violences & de leurs brigandages, qui ſont barbares en leur croyance & en leurs mœurs, il nous ſeroit mal-aiſé de leur perſuader l'Vnion & la Paix, & de leur en faire oüir le moindre diſcours : Mais nous auons à parler à des Peuples que la vraye Religion a inſtruits, qui ſçauent quel eſt le bien dont on les veut rédre poſſeſſeurs, & qui ſont fort aiſes d'en eſtre entretenus, afin que les images qu'on leur en preſente ſoient comme de ſeconds Biens, à qui les premiers doiuent leur accompliſſement. Les Remarques qu'on leur fera de cette aimable tranquillité, aideront beaucoup à en prolonger la ſuite, & à en confirmer les évenemens heureux; Cela aſſeurera ceux qui ſont en doute, cela ſera cauſe que les plus irreconciliables Ennemis de la Iuſtice & du Bien public ſeront entierement conuaincus, & n'oſeront plus découurir leurs ſentimens temeraires. Le fer & le feu n'ont eſté que trop employez durant la Guerre : il faut que la parole & les eſcrits reprennent maintenant leur vigueur & ſoient les armes de la Paix. Publions hardiment que la Paix eſt la meilleure des choſes & la ſouueraine felicité des choſes. Avoüons la verité comme nous la reconnoiſſons; Ce n'eſt pas ſe procurer de vrais biens de chercher ſeulement l'abondance, les richeſſes & la ſocieté : Qui ſouhaite la Paix & qui l'obtient, il eſt riche, il a du credit & des Amis, & il ſe doit aſſeurer d'auoir vn bien qui comprend tous les autres. Comme par le nom de Guerre on entend ce qu'il y a de plus cruël & de plus faſcheux au Monde, par le nom de la Paix on entend ce qui ſe

DISCOVRS CVRIEVX
du Bien de la Paix.

OV L'ON VOID COMBIEN LA PAIX
est vtile à la France & à l'Espagne;

*Et que les humeurs diuerses des François & des Espagnols
ne luy sçauroient nuire.*

VNE si belle occasion d'escrire, comme celle qui se presente, nous doit-estre extremement chere. De tracer quelques Ouurages sur ce Sujet, c'est obliger toute la Societé Humaine, & s'accorder aux plus saints Deuoirs. On a publié la Paix en deux Royaumes les plus puissans de l'Europe: Les Peuples en ont vne satisfaction qu'on ne peut exprimer; Les feux de joye qu'ils allument ont moins d'ardeur que le feu de leur zele; Il n'est rien de si esclatant que la reconnoissance du Present qu'ils reçoiuent, & l'affection qu'ils tesmoignent pour ceux qui le font, est incomparable. Les beaux Esprits que les Muses ont honoré de leurs faueurs, les prodiguent dans leur Prose & dans leurs Vers, où ils pensent encore moins dire que ce qu'ils deuroient, & que ce qui est conceu dans leurs cœurs. Les mesures de la Poësie sont accompagnées des diuers tons de la Musique; on n'entend par tout que des chants d'allegresse ou des remercimens à Dieu; Iusques aux moindres du vulgaire, chacun en parle en son langage & suiuant la force de son raisonnement: Mais ne souffrons point qu'on s'en entretienne auec des paroles confuses; La pluspart des hommes se contentent de sçauoir qu'vne chose est loüable, sans distinguer ses excellentes qualitez. Les vns

A

(8)

trouue de plus doux & de plus agreable. Eſtimons de vrais So-
phiſtes & d'inſignes flateurs ceux qui pour s'accõmoder au temps,
lors qu'ils voyent que la guerre eſt allumée dans leur Nation, diſent & écriuent, Que c'eſt la plus noble de toutes les applications
des hommes, & celle qui va le plus droit à la gloire. Ne leur ad-
jouſtons point foy lors qu'ils alleguent, Que tout fait la guerre
dans l'Vniuers pour nous donner exemple de la faire; Que les
Elemens ont l'vn pour l'autre vne haine irreconciliable, & qu'ils
taſchent perpetuellement à ſe deſtruire. Ce ſont des Autheurs
interreſſez, qui rapportent ces choſes inconſiderément pour les
auoir veuës ailleurs, & pour n'auoir eu autre connoiſſance que
des erreurs de la Philoſophie vulgaire. Il n'y a rien de ſi bien d'accord que ces Corps principaux dont ils nous ont publié la guerre.
La Terre ſert de ſouſtien à l'Eau, & ſe lie doucement auec elle,
l'air les embraſſe & les recrée, & ſert de champ à leurs actions,
leur cedant en tous les lieux où elles ſe preſentent. Quant au Feu,
il eſt placé au deſſus d'eux, pour ne leur point nuire, & il taſche
toûjours de s'y eſleuer par ſa nature, afin de ne leur communiquer
que ce qu'il faut de ſa chaleur pour leur fecondité. Voila comment la Paix eſt maintenuë entre les Elemens; S'imagine-t'on
quelque guerre entre les autres Subſtances? les Animaux les plus
irraiſonnables font des combats de particulier à particulier: mais
on ne void gueres qu'vne Eſpece s'aſſemble pour en deſtruire vne
autre diuerſe, ou que de quelque Eſpece vn grand nombre com-
batte contre vn autre, ce qui eſt vne guerre formée. Quand cela
arriue quelque part, c'eſt pluſtoſt par haſard que par choix. On
adjouſte que ce ſont des effets de la Raiſon de s'aſſocier pour ſe
deffendre; Que cette raiſon & ſon vſage n'appartiennent qu'aux
Hommes: mais qu'on en diſe ce qu'on voudra, la raiſon paroiſt
encore plus ce qu'elle eſt, lors qu'elle fait aſſembler les Hommes
pour viure en ſocieté & en concorde, que lors qu'elle les aſſemble
pour ſe faire la guerre. Afin d'en juger ſainement, il ne faut que
voir la difference d'entre ces deux Eſtats ſi diſſemblables. Pendant la guerre le culte de Dieu eſt negligé, la ſainteté des Tem-
ples eſt violée, les hommes foibles & les hômes juſtes ſont cruel-
lement maſſacrez, & les biens ſont oſtez violemment à leurs poſſeſſeurs. On peut dire qu'en temps de Paix on void arriuer le
contraire; Toute ſorte de violences & d'injuſtices ceſſent, le bon

ordre eſt remis par tout, & l'on trouue meſmes que les campagnes eſtans cultiuées auec loiſir & ſeureté, en paroiſſent plus agreables & plus floriſſantes, & produiſent plus abondamment les fruicts que la nature a accouſtumé de donner par le ſecours de l'art & du trauail des hommes.

Ceux qui tiennent le party de la Guerre nous repreſentent que s'il s'y rencontre quelque mal, il n'eſt pas ſi grand que toute vne Nation s'en puiſſe reſſentir; Que tout ce qu'on en redoute, ne ſe void qu'en quelques Frontieres, & que quand les Peuples ont la force & le courage de preuenir leurs ennemis, pluſtoſt que d'attendre leurs attaques, ils y ont toute ſorte d'avantages & d'aſſeurance; Que pour le general, il ne faut point dire que durant la guerre le Seruice de Dieu ſoit abandonné; Qu'il n'y a point de temps où les hommes ſoient plus deuots, & faſſent plus de vœux & de prieres, ſoit pour la crainte de mourir ou de perdre leur bien, ſoit pour obtenir cette grace du Ciel d'eſtre victorieux; Que les crimes & les injuſtices y ſont punis autant qu'en autre ſaiſon, & que tant s'en faut que ce ſoit vn temps de deſordre, qu'il n'y a temps au monde où l'ordre ſoit plus neceſſaire que pendant la guerre, & que de voir vn Camp bien diſcipliné, c'eſt la choſe la plus reguliere qu'on ſe puiſſe figurer. Ces meſmes Gens voulans renuerſer l'opinion ordinaire, diſent que c'eſt durant la Paix que les plus grandes injuſtices ſont commiſes; Que quelques hommes puiſſans y oppriment les particuliers en ſi grand nombre, que cela peut bien compoſer vne rüine generale; Qu'au reſte c'eſt le temps où les plus grands maux ont leur regne, & que la tranquillité n'y eſt principalement que pour les vices, dautant qu'alors les corps & les eſprits tombent dans la faineantiſe & la molleſſe, & que l'abondance & le repos n'y ſont employez qu'aux plus dangereuſes voluptez; Que de-là vient le peril où ſe trouuent les Eſtats d'eſtre enuahis par les eſtrangers, ou de tomber dans vne longue guerre.

Voila des raiſons qui ne ſçauroient auoir de la vigueur, qu'auprez des perſonnes préoccupées; Les maux que cauſe la Guerre ſont réels & ſenſibles. Ceux qu'on attribuë à la Paix ſont imaginaires; Outre cecy la Paix a des biens tres-veritables. Les Vertus ont bien plus de commodité de fleurir en vn temps où toute ſorte de licence eſt reprimée; & ſi pour vne objection importante

on nous dit que l'abondance & le repos amolissent le courage
des Hommes, & les rendent inutiles à la Guerre lors qu'vn Royaume en est menacé ; C'est présuposer que les Hommes vaillans
ne se tiennent pas en haleine ; Toutefois on sçait bien qu'il y en
a tousiours qui vont faire leur aprentissage de Guerre au dehors
de l'Estat, quand la Paix est au dedans, & qu'ils reuiennent
apres chez eux tout instruits & tout preparez aux dangers, afin
de secourir leur Patrie quand il en est besoin. Il n'arriue gueres
mesmes qu'vne Paix soit si absoluë, qu'il n'y ait quelque chose à
démesler entre quelques Voisins, & que s'estant accordé auec
les moins fascheux, il ne reste des differens auec les autres. Cela
fait qu'il y a tousiours dequoy occuper les Hommes remüans &
factieux. Si entre les Raisons qu'on allegue pour la Guerre, on
dit qu'elle sert à purger les Royaumes de quantité de mauuais
Garçons qui troublent le repos des Gens pacifiques, l'occasion
de ce remede ne vient que trop souuent en diuerses manieres,
& à faute de celuy-là on a recours à d'autres, comme à adoucir
les plus farouches Esprits en les apliquant aux Arts, ou en les en-
uoyant aux longues nauigations, & aux nouuelles Colonies.
Posons que la Paix soit vn Bien tranquile dont l'esclat n'aille
pas fort loin, il ne cause point de mal où la Guerre doiue estre
apellée pour nostre secours. Pendant la plus profonde Paix il se
trouue que tous ceux qui sont de la Profession d'Espée, & beaucoup d'autres encore, ne laissent pas d'aprendre à manier les armes, & à se former vne image de Guerre pour se deffendre dans
les querelles particulieres, ou pour se garentir des voleurs & des
assassins, ce qui les rend plus hardis & mieux instruits pour les
batailles durant les Guerres vniuerselles d'vne Nation contre
l'autre. La Paix n'est donc pas si désauantageuse comme quel-
ques-vns ont dit ; Au contraire elle est mesme vtile à la Guerre,
à cause que pendant la Paix toutes les forces de l'Estat se repa-
rent pour estre employées glorieusement dans le premier besoin
où la Paix est rompuë.

Voudroit-on faire tousiours la Guerre sans intermission par
ce qu'on la croid vne soure de gloire & d'honneur ? Ira-t'on chercher pour cecy les tesmoignages de la Saincte Escriture, dont les
paroles nous doiuent seruir d'Oracles. Il est vray que Dieu y en-
joint quelquefois à son Peuple de faire la Guerre, & qu'il s'apelle

le Dieu des Armées; Mais il faut sçauoir qu'il y a des Guerres
justes que Dieu commande contre les meschans & les Infidelles;
Que c'est alors qu'il se rend le Conducteur des Armées pour la
destruction des ennemis de sa saincte Loy. Il y a aussi vn Sens particulier pour les Guerres qu'il a dit estre venu exciter entre les
Freres; cela s'entend de la diuision qu'il met entre ceux qui ne le
connoissent point, & ceux qui croyent en luy. En toutes autres
rencontres, il demande la Paix, & il l'a procure mesme dans les
occasions les plus tumultueuses, lors qu'il reünit les Esprits à vne
mesme croyance. Il a publié en quantité de lieux qu'il aymoit la
Paix, Qu'il la promettoit à ses bien-Aymez, comme la plus excel-
lente chose dont il leur pût faire present; & pour les asseurer de
cette verité, il leur a declaré, Qu'il estoit la Paix mesme; En effet,
Dieu estant la Souueraine Bonté, ne doit-il pas estre la Paix qui est
si bonne? Nous connoissons que s'il a souffert quelques Guerres,
ç'a esté pour faire que les Hommes en ayant esprouué les malt-
heurs, se portassent à ce qui estoit contraire, & recherchassent la
Paix comme la fin des querelles & des combats où les victorieux
ioüissent à souhait des fruicts de leurs trauaux.

Que diront les Sophistes & les Flatteurs, ayant épuisé tout ce
qu'ils sçauoient des plus saintes Autoritez pour les expliquer à
leur sens? Ils ont encore leurs exemples de Moïse, de Iosué, de
Gedeon, & d'autres gràds Capitaines estimez chez le Peuple esleu
de Dieu; Chez les Payens ils ont vn Cyrus, vn Alexandre, vn
Scipion, vn Cesar, & chez les Chrestiens vn bon nombre de tels
que Clouis, Charles Martel, Charlemagne, Godefroy de Buil-
lon.

On nous peut representer d'ailleurs que les principaux honneurs des Estats sont accordez aux Gens de Guerre; Que c'est à
eux principalement que sont donnez les Titres de Noblesse &
les ordres de Cheualerie, les Seigneuries & le Gouuernement
des Villes; Que ce sont les recompenses de ceux qui ont combattu vaillàment, & qui tesmoignent de vouloir passer leur vie dans
la profession des Armes. Ce qu'il y a à dire icy, c'est que nous
tenons veritablement cette Profession pour tres-honorable &
tres-vtile; Mais c'est pour s'en seruir en cas de necessité, non pas
pour dresser à toute heure des querelles aux particuliers ny au general des Nations.

Il faut faire la Guerre, pour deffendre nos droicts ou pour les recouurer. On doit remarquer que ces grands Capitaines à qui les Peuples ont accordé d'extrémes honneurs, ont esté principalement ceux qui ont combattu pour la deffense de leur Patrie; Qu'encore que plusieurs qui sont appellez Conquerans, reçoiuent vne gloire immortelle par plusieurs histoires, s'ils ont esté honorez pour leur valeur, il en faut condamner l'employ, ayans esté de tres-injustes vsurpateurs des biens d'autruy.

Les bons Rois n'ont jamais fait la guerre que pour donner de la tranquillité à leurs Estats & à leurs Peuples; voila pourquoy nous tirons de-là enfin vn argument tres-conuainquant, Que nous deuons fort estimer la Paix, puis que mesmes la guerre est faite pour elle. Aussi quoy que la guerre soit au dehors ou aux frontieres par quelque necessité, on tasche tousiours de conseruer la Paix dans le milieu de l'Estat : car que deuiendroit tout le corps, si les principales parties n'estoient saines. Cela nous apprend que la plus parfaite consistence où vn Estat puisse estre, c'est d'estre en Paix; Que de garder la Paix dans vn Royaume c'est le chef-d'œuure de celuy qui le gouuerne. Si la gloire est grande de bien faire la Guerre, c'est parce qu'elle peut donner la Paix, & cette gloire est encore plus certaine, quand la Paix se peut conseruer.

Par la premiere partie de ce Discours, nous voyons combien la Paix est bonne en tous les lieux où elle se trouue; Et nous deuons juger qu'elle n'est pas moins bonne pour la France & pour l'Espagne que pour tout autre lieu. Ie ne vay point chercher les preuues de cecy dans des pensées trop basses pour le sujet. Chacun sçait le pouuoir de l'vne & de l'autre Nation; Qu'apres plusieurs années de Guerre, elles sont aussi vigoureuses qu'au commencement; Qu'elles ont des sources d'argent & d'hommes qu'on ne peut espuiser. Ce n'est point vne pressante necessité qui les oblige de remettre l'espée au fourreau, & de s'accorder ensemble; c'est la consideration du bien des Peuples qui demandent le repos & la Paix, pour la recompense des trauaux passez. Les Grands Monarques qui les gouuernent, ont resolu de leur accorder ce Bienfait; & leurs excellens Ministres, dans leurs vtiles & glorieuses Conferences, ont trouué le moyen de faire reüssir leurs loüables desseins.

IL nous reste de monstrer que les Espagnols n'ont rien en eux qui puisse aporter quelque empeschement à la Paix; Estans des Peuples judicieux comme ils sont, ils sçauent quel bon-heur leur en peut arriuer. Ils n'auront garde d'oresnauant d'y estre contraires: Neantmoins pour rendre les Lecteurs satisfaits par la suite de ce Discours, ie declareray les objections qu'on nous peut faire de plus, & ie m'efforceray de les refuter. Il faut auoüer que des hommes enuieux de ce bien inestimable qu'on nous presente, ont quelquefois eu l'audace d'en vouloir troubler la tranquillité par leurs deffiances ridicules: Leur crainte doit estre passée maintenant, de sorte qu'il n'y a pas de danger de la divulguer, Ce sera en tout cas pour remedier à la préoccupation des esprits. N'y a-t'il point eu de Gens qui nous ayent avertys que nous prissions garde auec qui nous faisions la Paix; que ce n'estoit point auec nos Freres & nos Concitoyens (auec lesquels ils avoüoient que la Paix estoit à desirer) mais que c'estoit auec des Peuples estrangers, contre lesquels depuis si long-temps nous auions eu plusieurs sujets de querelles; Qu'apres des Traitez solemnels leurs entreprises auoient beaucoup donné à penser, & que depuis la Guerre declarée, ils auoient causé tant de ruïnes & de calamitez; Tant de pertes d'hommes & de biens par toute la France, qu'on auroit peine à les effacer de sa memoire? Ne souffrons point qu'on nous specifie d'auantage ces choses, craignant de renouueller les anciennes douleurs? Ne permettons point mesmes qu'on nous parle auec aigreur de ceux auec qui nous deuons auoir vne entiere reconciliation. Representonsnous que s'ils ont esté nos ennemis, ç'a esté des Ennemis illustres, & tels qu'il y auoit gloire de se commettre auec eux. Croyons que leurs procedures ont esté franches & hardies en toute rencontre, & que tout ce qu'on a dit d'eux, vient d'vne haine inueterée que quelques enuieux ont conçeuë. On n'oublioit rien autrefois pour exciter l'animosité contre les gens de cette Nation; Leurs bonnes qualitez leur sembloient nuire par toute la Terre. On leur reprochoit la hauteur de leurs projets, leur constance à les poursuiure, leur moderation dans leur conduite, & leur adresse en toute sorte de negociations. C'estoit vne estrange procedure de les vouloir rendre odieux pour les raisons qui les deuoient faire aymer & estimer d'auantage. Les Seigneurs & les Sujets de

quel-

quelques petites Souuerainetez qui les redoutoient, en parloient
de cette maniere : Mais il ne leur seruoit à rien d'objecter ces
choses : Que ne cherchoient-ils plustost dans l'Histoire de leurs
predecesseurs dequoy égaller les actions de ces fameux Aduer-
saires, ou que ne taschoient-ils d'en accomplir eux-mesmes de
plus illustres. Les François qui sont des Peuples vaillans & gé-
nereux entre tous ceux de l'Europe, n'ont pas agy comme les ti-
mides ; Ils n'ont pas manqué d'vne force naturelle & d'vne force
acquise pour auoir de hautes resolutions. Ils ont veu que c'estoit
vne bassesse de s'arrester à hair ses Ennemis, à en dire du mal &
leur en souhaiter, plustost que de penser à les vaincre ; Qu'il fal-
loit se rendre digne d'estre enuié plustost que de se reduire à en-
uier les autres, Ils ont eu cét aduantage, d'auoir fait la guerre
auec autant de hardiesse que de Iustice, & d'y auoir obserué toutes les formes. Diuers combats donnez & plusieurs Villes prises, ont témoigné leur valeur & leur prudence militaire. D'vn
autre costé, s'il y a dequoy se plaindre des hostilitez commises
par la Nation contre qui nous auions differend, ne sçait-on pas
ce qu'on a accoustumé d'executer en de telles occasions, & que
c'est à qui fera pis. De soustenir que nous n'auons rien fait de
semblable, ne seroit-ce pas dire que nous serions demeurez oysifs
& sans defense ? Nous auons senty le mal qu'on nous a fait ; Ne
voudrions-nous point penser à celuy que nous auons fait aux autres ? Remettons-nous deuant les yeux vn interest commun ;
Ayons icy vne reflexion suggerée par l'Esprit d'vnion & de Paix,
& qui ne repugne point aux plus sages Loix de l'Estat : Consi-
derons que qui auroit tousiours à reprocher les derniers dom-
mages, & qui voudroit qu'vne année vengeast la precedente
sans discontinuation, il n'y auroit iamais aucun moyen de
mettre deux Nations d'accord. Depuis que la Guerre auroit esté
allumée, il faudroit que cét embrasement durast iusqu'à la fin
du Monde ; On y fourniroit sans cesse de matiere plustost que de
la retrancher. Ce mal a esté arresté fort heureusement, & c'est
estre fort aueugle de se persuader qu'il ne soit pas bien assoupy,
ou qu'il puisse bien-tost reprendre. Vn Traitté si solemnel & si
raisonnable que celuy qui a esté fait, nous met dans vne seurté
accomplie.

Il faut declarer librement ce qu'vne Politique pretenduë en

penſe, afin que ſi elle éclatte nous ayons dequoy la reprimer. On
s'eſt figuré mille impoſſibilitez dans noſtre vnion, & l'on s'eſt
ſouuent desfié des Peuples à qui nous auons affaire, qui ſont des
Peuples du Midy, dont le remperament chaud & ſec, eſt ordi-
nairement fort different du noſtre. On s'eſt forgé là-deſſus des
chimeres à plaiſir; On a allegué les antipathies des François &
des Eſpagnols, par leſquelles on a pretendu monſtrer que iamais ils ne pouuoient viure en amitié enſemble. On les a iu-
gez entierement contraires en leur naturel & en leurs mœurs:
On a meſme eſté chercher ces contrarietez dans leurs diuerſes
modes de ſe veſtir, dans leurs diuerſes façons de manger & de
boire, de marcher & de parler; Dans la difference de toutes
leurs actions ordinaires à la vie, & de toutes leurs penſées ou inclinations. On en a remply des Liures de l'vne & de l'autre
Langue, pour les preſenter en objet à toutes les deux Nations,
comme pour fomenter leurs inimitiez, & leur faire croire qu'elles ſont à iamais irreconciliables. Le vulgaire tombe dans cette
erreur auec vne extreme ſimplicité; & perſonne ne s'eſt encore
offert pour le deſabuſer: Trauaillons-y auec affection, comme à
vne choſe tres-neceſſaire, quoy que l'on y penſe fort peu. Fai-
ſons voir que les obſtacles qu'on voudroit oppoſer à noſtre Paix
ſont foibles & imaginaires, & de peu d'importance, meſmes à
l'eſgard des particuliers quand on les ſçait deſveloper. Ie veux
parler premierement de la diuerſité d'humeurs: Dira-t'on que
le François eſt docile & humble, & que l'Eſpagnol eſt altier? N'y
a-t'il pas dans la France de toute ſorte d'humeurs & de naturels?
Les Gaſcons n'ont pas l'humeur moins eſloignée de celle des
Picards, que les Eſpagnols l'ont de celle des François en general; Toutes les Prouinces ont ainſi leurs caracteres particuliers, & dans chacune il y a pourtant de ces caracteres qui ſe
trouuent aux autres; Tellement qu'on peut dire qu'il ſe rencontre quelquefois que de vrays Gaſcons ſont nez au milieu de la
Picardie & de la Normandie, & qu'il s'y void auſſi des Eſpagnols, c'eſt à dire des Hommes qui ont tout à fait du rapport au
naturel de cette Nation. Par tout il y a des Corps dans leſquels
le Sang ou la Bile regnent, en d'autres le Phlegme ou la Me-
lancolie; Et il s'y trouue auſſi des Eſprits qui ſe laiſſent guider
par la varieté de ces temperamens: Neantmoins ſoit que les Ha-

bitans de chaque Prouince ayans leur naturel particulier, ou qu'il y en ait de fort differens dans chacune, ils ne laiſſent pas de viure en vnion ſouz vn meſme Roy, & ſous de meſmes Loix; Or puiſqu'à prendre tous les François enſemble ils ne ſont pas plus differens des Eſpagnols, que les Habitans d'vne Prouince de France, le ſont d'vne autre, qui empeſchera que ces deux Peuples ne viuent en bon accord eſtant ſous la domination de deux Monarques parfaitement révnis. Les Habitans de diuerſes Prouinces ayans chacun leur Gouuerneur particulier, reconnoiſſent vn meſme Roy, & les Subjets de deux Royaumes differens, recōnoiſſent Dieu au deſſus de leurs Monarques, qui eſt le vray Roy des Roys, dont les Loix ſont vniuerſelles pour toutes Nations. C'eſt ce qui leur donne l'aſſeurance de negocier & de trafiquer enſemble, de faire ſocieté & amitié; Ce ſont comme les Enfans d'vne meſme famille, dont il y en a d'humeur & de condition diuerſe, & qui pourtant ſe maintiennent en bonne intelligence ſelon les reigles de la Iuſtice Souueraine & éternelle qui preſide à tout.

Apres cecy nous ne deuons tenir que pour des bagatelles, les diuerſitez qu'on allegue d'entre les François & les Eſpagnols, comme ſont leurs differentes façons de boire & de manger, de ſe ſaluër, ou de parler enſemble; Nous ſçauons que dans chaque Prouince & dans chaque Ville, on trouue diuerſes couſtumes ou habitudes, & que meſmes vn Quartier, vne Famille, ou vne Maiſon, ſe rendent differens les vns des autres en pluſieurs choſes: Toutefois il ſe fait ſouuent des Amitiez & des Societez entre ceux qui ont des humeurs ſi diſſemblables: Ils ſont differens par leurs couſtumes, & ils s'accordent d'ame & de volonté; La plus belle Harmonie que l'Art des Muſiciens puiſſe inuenter, n'eſt compoſée que de diuers tons révnis dans vn meſme concert.

La diuerſe façon des habits fait grande impreſſion ſur les hommes du commun, Parce qu'elle touche les yeux d'abord, elle eſtonne ſoudain les Eſprits, & excite quelquefois la riſée d'vn Peuple indiſcret: Mais qui a-t'il de plus eſtrange en l'habit des Eſpagnols qu'en celuy des François? Si l'vn a quelque deffaut, l'autre a de l'excez & de la ſuperfluité. De plus, dans le perpetuel changement de Mode qui ſe void en France, on peut dire que les Espagnols n'en ont aucune si extraordinaire que les François, ne l'ayent autrefois obseruée. La differente maniere de se vestir, ne doit pas aussi plus toucher que la diuersité du langage, que nous entendons en tous les Peuples, & qui pourtant ne nous les fait point haïr; Au contraire, ils taschent d'aprendre nostre Langue, & nous taschons d'aprendre la leur. Qu'est-ce que peut auoir la diuersité des habits pour nous déplaire, puis que nous la remarquons parmy nous dans les diuerses conditions des hommes, dont les vns sont vestus d'vne sorte & les autres d'vne autre selon leur profession? Au reste, examinons nos Modes, nous trouuerons qu'il n'y a que bigearrerie en toutes, & qu'il ne faut point s'arrester à ce qui n'est qu'vn effet de l'imagination.

Pour ce qui est des actions & des habitudes qu'on estime contraires entre les François & les Espagnols, elles peuuent estre indifferentes la pluspart, & par consequent elles ne sont pas nuisibles au grand Bien de la Paix que nous esperons. D'ailleurs, il faut croire que desormais par le bon accord & la societé, on y verra plusieurs changemens; & qu'il se trouuera vn tel Temperament dans les vnes & dans les autres, qu'en corrigeant & reformant ce qui semble incommode & inutile, on n'y remarquera rien qu'vne loüable Mediocrité.

Pour vn des plus grands sujets d'auersion, nous deuons considerer que pendant la longueur des Guerres, il n'y a eu que des Officiers d'Armée qui se soient veus dans quelques prises de Ville & dans quelques autres rencontres, où l'humeur martialle & hautaine n'a pas toussiours eu des attraits pour se faire aymer. On a veu aussi le plus grand nombre des prisonniers de la simple soldatesque, qui n'est composée d'ordinaire que de la plus inutile & de la plus vicieuse partie des Estats. Durant ces desordres les hommes les plus sages & les plus pacifiques des deux Nations, n'ont eu garde de se visiter par des voyages agreables, tout le commerce estant cessé par la crainte du peril; C'est-ce qui a pû accroistre l'inimitié. Desormais l'occasion du trafiq, & le desir du gain, fera quiter à plusieurs leur pays natal; Vne belle curiosité portera encore les personnes de condition, & les plus honnestes gens des deux Royaumes de passer d'vne contrée à l'autre, & comme ils verront les bônes & loüables Mœurs de ceux qu'ils auoient autrefois hays ou mesprisez, ils en auront vne tres aduantageuse opinion.   Entre

Entre les autres obstacles, nous mettrons en ligne de compte
ous ces Escrits dont il a esté parlé, lesquels ont excité la haine
entre les deux Nations, leur proposant des diuersitez & des contrarietez d'humeurs peu apparentes ou fort imaginaires. Il est
vray qu'il se rencontre d'autres Ouvrages qui traitent de choses
solides & essentielles, & qui remonstrent seulement quels sont
les droicts de chaque Monarque sans aucune animosité. On n'a
pas sujet de rejetter ce qui est vtile & ce qui sert mesme de fon-
dement à nostre Paix. Il ne faut condamner que ces Liures pleins
de reproches & d'inuectiues qui sont des Trompettes de la
Guerre. Comme on n'en fera plus de semblables, & qu'au contraire on n'entendra par tout que des loüanges de la Paix, &
des Remercimens pour ceux qui nous l'ont donnée, & qui la con-
firment, on en doit esperer vne durée eternelle.

Nostre Paix ayant esté concertée entre les deux fidelles Ministres de France & d'Espagne, ils y ont balancé équitablemét
les droicts des deux Monarques, & ont dressé des articles par
lesquels ils conseruent, & ils rendent, ou reçoiuent chacun, des
Villes & des Places, selon qu'il semble iuste pour terminer
leurs differens. Il n'y a rien à examiner apres des Iugemens si
exquis : Le Traité a esté signé de part & d'autre, & publié par
tout auec de grandes acclamations des Peuples : Mais nous n'a-
uons point encore touché au principal poinct d'vne si importante affaire & à la suite qu'elle doit auoir. Pensons au beau
Lien qui doit contribuër à rendre la Paix stable; A l'Alliance bien
heureuse des deux Couronnes, qui se fera par le Mariage de nostre Roy auec la tres-auguste Princesse Infante d'Espagne; C'est
ce qui doit donner aux Peuples vne tres-ferme asseurance; Ils
ne sçauroient estre mieux reünis que de l'estre par leurs Chefs.
Leurs Roys ayans iuré la Paix, ils sont tenus de l'accepter & d'y
conformer leur maniere de viure. Ils peuuent apres cecy passer
sans crainte d'vn Pays à l'autre, & se visiter mutuellement. Il faut
que la contradiction cesse, & que les opiniastres nous cedent:
Nostre Paix est certaine & indubitable: Nous sommes bien as-
seurez que nous la cherissons, & que nous la garderons inuiola-
blement; La mesme resolution se rencontre de l'autre costé, puis
qu'on nous en donne vn si bon gage que cette illustre Princesse
qui doit estre l'Epouse de nostre Roy. Si quand nous croyons

D

auoir deſtruit les malicieuſes objections des Ennemis de la Paix, ils nous repreſentent que de ſemblables Alliances n'ont pas touſiours empeſché que la Paix ne fuſt troublée, & que la Guerre ne recommençaſt fortement comme nous en auons veu des exemples qu'on ne peut celer; Conſiderons qu'on a pris toute ſorte de precautions contre cecy, & que les Intereſts des deux Roys ſont mieux gardez preſentement qu'ils ne furent iamais, & que cela fera que ce dernier Nœu ſerrera plus fort que les autres. En nous reſignant à la volonté de Dieu ſur l'apparence des choſes, nous nous entretenons d'vne agreable eſperance. Il ſeroit fort eſtrange qu'aucun puſt douter de la verité de cette Paix non plus que de ſon vtilité. Ie ſouhaite que ce que j'en ay eſcrit, ſerue à faire quitter aux vns leurs pernicieuſes erreurs, & conſerue les autres dans leurs plus ſaines opinions. Ie me ſuis efforcé de monſtrer autant qu'il m'a eſté poſſible, que toute Paix valoit mieux que la Guerre. I'ay auſſi fait entendre que la Paix auoit eſté contractée fort iudicieuſement entre les deux plus Grands Roys de l'Europe, ſans qu'aucune choſe s'y oppoſaſt; Que deſormais leurs Sujets deuoient viure en bon accord enſemble, eſtant obligez de ſuiure les Loix que leurs Souuerains leur preſcriuoiét, & n'ayans point d'inclinations naturelles qui y peuſſent reſiſter; Qu'ils ont d'autant plus de raiſon de viure en bonne amitié, qu'ils ſe trouuent voiſins, & propres à entretenir vne parfaite correſpondance, afin que chacun d'eux profite de cette reconciliation. On a pu auſſi reconnoiſtre que les forces eſtans à peu pres égalles entre les deux Nations, qui ont voulu terminer leurs differends par les Armes, il eſt inutile de continuer leurs entrepriſes diuerſes. Auoüons le vray; Ce que l'vne auroit perdu en vne année, pourroit quelquefois eſtre recouuré en vne autre, & la continuation de la Guerre ne ſeruiroit qu'à faire tuer des hommes. C'eſt le plus grand malheur de la Guerre, & ce qui en témoigne d'auantage l'horreur & le deſaſtre, que meſmes les Peuples les plus heureux ne ſçauroient emporter de Place ou gagner de Bataille, ſans y perdre des Gens, & que ſouuent les Victoires couſtent plus qu'elles ne vallent. Si l'vne ou l'autre des deux Nations garde pourtant vn deſir de Conqueſte, & ſi elles pretendent touſiours de pareſtre par les trauaux de la Guerre, penſons vn peu combien d'autres occaſions il s'en trouue, ſans eftre d'auantage animées l'vne contre l'autre; L'vn & l'autre des deux Partis n'a qu'à tourner fes Armes contre des Peuples Barbares & injuftes qui ont mal traité leurs Alliez, ou qui par vne croyance impie blafphemans tous les iours contre le vray Dieu, ont offencé toute la Nature Humaine. Ils peuuent auffi prendre le deffein de nettoyer les Mers de ces cruëls Corfaires qui ruïnent noftre Commerce, & reduifent en vne fafcheufe feruitude les Matelots, les Marchands & les hommes de Guerre qui tombent en leurs mains; Ils peuuent aller dompter ces Tyrans iufques dans leurs retraittes, & abatre les nyds de leur Tyrannie. Il y a long-temps que l'on a fourny de Memoires & d'Inftructions pour la facilité de telles Entreprifes. Mais foit que l'vne & l'autre des deux Nations reconcilliées prenne vn terme long ou court pour s'y occuper, les premiers employs qu'elles fe vont donner pendant la Paix, feront affez glorieux & affez vtiles pour les rendre tres-eftimables. Leurs Roys agiront en cecy auec prudence & juftice. Ils fçauent ce qu'ils doiuent ordonner de nouueau, ou s'ils n'ont qu'à faire obferuer ce qu'eux ou leurs predeceffeurs ont defia ordonné pour le feruice de Dieu, pour la conduite des Eftats & pour la conferuation du droict des Particuliers. Ce font les plus beaux & les plus agreables fruicts de la Paix, & c'eft ce qui l'a peut faire durer en defpit de la Malice & de la Difcorde, quand mefmes elles fe monftreroient encore dans le Monde; mais nous croyons que noftre aymable Paix les détruira entierement.

A PARIS,

Chez Charles Chenault, Imprimeur ordinaire du Roy; Au bout du Pont S. Michel, à l'entrée de la ruë de la Huchette.

M DC. LX.

Avec Privilége de Sa Majefté.

GASTON FILS DE FRANCE *DVC D'ORLEANS de Chartres
de Valois et d'Alençon; Comte de Blois, de Montlchery, et de Limours : Gouuerneur
de Languedoc, Lieutenãt Gñãl du Roy son nepueu par toute la France. Chef de ses Conseils sous
la Reine Regente, et General.me de ses armes, nasquit a Fontainebelleau le 25. Aurit 1608. de
Henry le Grand, et de Marie de Medicis son espouse. L'an 1626. il espousa en 1.re nopces
Marie de Bourbon Duchesse de Montpensier, Princesse souuer.ne de Dombes, morte le 4.
Iuin 1627. et l'an 1632. en 2.e nopces Marguerite de Loraine, soeur de Charles 3.e du nom Duc
de Loraine. Ce Prince s'est rendu si recommandable par ses glorieuses conquestes de Gra-
uelines, Courtray, Mardik, Bourbourg et autres places, par ses sages aduis dans le
Conseil du Roy son Nepueu, et par ses eloquens et iudicieux discours dans le
Parlement, quil s'en est acquis le tiltre de Pere de la Patrie, et d'exemple de fideli-
té enuers le Roy par sa sage administration.*

ANNE MARIE LOVISE D'ORLEANS. Souueraine de Dombes, Princesse de
la Roche sur Yon, Dauphine d'Auuergne, Duchesse de Monpensier, de S.ᵗ Fergeau, et de Ch
astelraud. Contesse de Bar sur Seine et de Mortain &c. Seule Fille de Gaston Fils de France
Duc d'Orleans, et de Marie de Bourbon Duchesse de Monpensier sa prem.ᵉ Femme. Elle prit
naissance a Paris le 29 May 1627, et fut leuée sur les fonds de Batesme par la Reine Anne
d'Espagne en 1636, le 17 Iuillet, la haute naissance, les rares qualitez et les autres vertus de cette
Illustre Princesse, l'vn des principaux ornements des deux branches d'Orleans et de Bourbõ,
la rendent le premier et le plus eminent party, entre toutes les Princesses de l'Europé.

AParis Chez L. Boisseuin.

www.ingramcontent.com/pod-product-compliance
Lightning Source LLC
Chambersburg PA
CBHW051433060726
47596CB00006B/2472